Lk⁷ 1208

MÉMOIRE

SUR LES

ORIGINES MUNICIPALES

DE BORDEAUX

LES

ORIGINES MUNICIPALES

DE BORDEAUX

PAR M. SANSAS

MÉMOIRE QUE L'ACADÉMIE IMPÉRIALE
DES SCIENCES, BELLES-LETTRES ET ARTS DE BORDEAUX A HONORÉ D'UNE MÉDAILLE D'OR
ET FAIT INSÉRER
DANS LE 24ᵉ VOLUME DE SES ACTES, ANNÉE 1862.

BORDEAUX

G. GOUNOUILHOU, IMPRIMEUR DE L'ACADÉMIE

ancien hôtel de l'Archevêché (entrée rue Guiraude, 11).

1862

MÉMOIRE

SUR LES

ORIGINES MUNICIPALES

DE BORDEAUX

PAR M. SANSAS

INTRODUCTION

Messieurs,

A quelle époque précise remonte l'institution de la mairie de Bordeaux? Telle est la question sur laquelle j'ai pour la seconde fois l'honneur d'appeler votre attention.

Le 17 décembre 1845, j'adressai à Monsieur le Secrétaire général de l'Académie un Mémoire assez volumineux, dans lequel j'établissais, à l'aide de documents authentiques et de raisonnements fondés sur des faits historiquement prouvés : 1° que le premier maire de Bordeaux avait été *Pierre Andron;* 2° que l'institution de la mairie remontait à 1218, et 3° que toute confiance était due à une liste des maires de Bordeaux, établie dans un ancien manuscrit des Archives de la Mairie.

« Comme je suis arrivé, disais-je dans ma lettre d'envoi, à
» un résultat qu'aucun auteur n'a formellement signalé, je

» prends la liberté de le soumettre à l'Académie. Ce Corps
» me paraît devoir être le dépositaire naturel des renseigne-
» ments relatifs à notre histoire locale. »

Le 20 décembre suivant, je reçus officiellement avis que mon Mémoire avait été placé sous les yeux de l'Académie et renvoyé à l'examen d'une Commission.

Depuis, je n'en entendis plus parler.

J'eus cependant, en 1851, l'avantage de trouver, dans le Compte-rendu des travaux de la Commission des Monuments historiques de la Gironde, page 26, sous le titre : *Chronologie des Maires de Bordeaux,* la preuve que j'avais parfaitement rencontré dans toutes mes appréciations. M. Rabanis arrivait, par suite de ses recherches, cinq ans après la date de mon Mémoire, aux résultats que j'avais indiqués.

Flatté de ce succès pour mon opinion, je fus curieux de savoir ce que l'Académie avait pensé de ma communication ; je pris des renseignements, et il me fut dit officieusement que mon Mémoire avait été perdu.

Afin de lever toute incertitude, je pris le parti de m'adresser à Monsieur le Président de l'Académie, qui, dans une lettre très-bienveillante du 13 juin 1851, me confirma le fait de la perte de mon Mémoire et m'invita à lui en faire parvenir un duplicata.

C'était un ouvrage de longue haleine, que je ne crus pas devoir en ce moment entreprendre. Il ne s'agissait point de copier seulement, mais de faire un nouveau Mémoire ; car je n'avais conservé du premier que quelques feuilles détachées et les notes sur lesquelles je l'avais rédigé, et d'ailleurs les faits qu'il avait pour objet de prouver *paraissant acquis* à la science, mon travail n'aurait pu avoir pour but qu'une satisfaction d'amour-propre. Un pareil motif ne me permettait pas de refaire un travail fastidieux en lui-même et de venir encore fatiguer l'attention de l'Académie.

Mais depuis lors, les choses ont changé. M. l'abbé O'Reilly a publié une Histoire de Bordeaux, et cet auteur, se rangeant à l'opinion de Delurbe, dont j'avais démontré les erreurs, dit, page 334 de son ouvrage :

« Le sieur Monadey fut élu le premier maire de Bordeaux. »

L'ouvrage de M. O'Reilly a été exalté outre mesure par certains organes de la presse bordelaise. Tout récemment, dans une séance publique du Congrès scientifique, l'ouvrage de M. O'Reilly a été loué sans restriction et sans réserve.

La question que je croyais définitivement résolue se présente donc encore avec toute son importance; et comme je tiens à ce que la vérité soit, une fois pour toutes, *reconnue et constatée,* je prends la liberté de soumettre de nouveau à l'Académie le travail que je lui avais présenté en 1845, et sur lequel elle n'a pas encore été mise en mesure de se prononcer. J'y ai seulement ajouté quelques faits nouveaux, venus à ma connaissance depuis cette époque.

ORIGINES MUNICIPALES

DE BORDEAUX

Les auteurs qui ont écrit sur l'histoire de cette ville paraissent confondre trois choses essentiellement distinctes : l'établissement de la commune, la création de la *mairie*, et le droit donné aux citoyens d'élire leur premier magistrat. Cependant, il n'existe entre les unes et les autres aucun rapport nécessaire. Bien que des vicissitudes sans nombre aient presque périodiquement, à des époques très-rapprochées, accordé, restreint ou anéanti le droit de libre élection de ses maires, la commune de Bordeaux n'en a pas moins conservé jusqu'au commencement de notre siècle une personnalité puissante.

Delurbe, le plus ancien de nos historiens de Bordeaux, s'exprime ainsi dans sa Chronique, année 1173 :

« Henry, roi d'Angleterre, octroye aux habitants de Bor» deaux la libre élection de maire de ladite ville, lequel prê» terait le serment en l'église métropolitaine de Saint-André.
» Et suivant cette permission, le sieur de *Monedey,* duquel
» la maison se voit encore aujourd'hui en ladite ville, fut élu
» le *premier maire,* et dès lors ce magistrat fut annuel pour
» quelques années. »

Pendant longtemps, l'opinion de Delurbe a été suivie sans difficulté et reproduite dans plusieurs ouvrages.

Lorsque dom de Vienne fut chargé d'écrire l'histoire de

Bordeaux, il se livra à quelques recherches sur l'origine de notre municipalité, et voici l'opinion qu'il exprime dans le premier volume de son ouvrage :

« Ce fut sous Henry III que l'hôtel de ville de Bordeaux fut
» *établi, le 13 juillet 1235,* et qu'on vit renaître le nom de
» citoyen et l'ancien gouvernement municipal. »

Guilhe se rapproche de l'opinion de dom de Vienne, avec hésitation toutefois; d'après cet auteur, le corps municipal aurait été établi vers 1219 ou 1235. Cet auteur, sans rien oser affirmer, entrevoit à peu près la vérité; c'est qu'il avait pris connaissance d'une des pièces que nous relaterons plus tard.

Jouannet, dans sa statistique départementale, fait remonter la constitution municipale de Bordeaux à Henri II, sans donner de date :

« La charte, dit-il, n'est pas venue jusqu'à nous, mais des
» confirmations la relatent. »

Ainsi, il se range d'abord formellement à l'opinion de Delurbe; mais pendant qu'il publiait son ouvrage, il lui fut donné communication de la liste dont nous allons parler. Cette liste renversait tout le système par lui adopté; il n'osa pas en proclamer l'exactitude, et se borna à la publier en note, deuxième volume, page 440; et il dit :

« Sur la foi d'une charte citée par Delurbe, j'ai rapporté à
» l'année 1173 l'élection par le peuple du premier maire de
» Bordeaux..... *Sans m'arrêter à défendre ou à combattre le*
» *fait,* je crois utile de donner la liste des maires de Bor-
» deaux pendant le XIII° siècle, etc., etc. »

M. Jouannet entrevoit encore la vérité; mais il n'ose pas l'affirmer. Le temps lui manque sans doute; il ne peut ou peut-être ne veut pas se livrer aux vérifications nécessaires pour asseoir une opinion certaine sur la question.

Bernadeau fait, comme Delurbe, remonter l'origine de la

municipalité à 1173, et combat l'opinion de ceux qui la fixent à 1235. Il nomme Monedey comme premier maire de Bordeaux.

Ducourneau, dans sa *Guienne historique*, et O'Reilly, dans son *Histoire de Bordeaux*, portent sans hésitation, avec Delurbe, l'origine de la mairie à l'année 1173.

Enfin, l'auteur inconnu d'une chronique qui se trouve transcrite dans le livre appelé les *Coutumes de Bordeaux* (manuscrit du XIVe siècle) porte à 1218 l'origine de la mairie, et donne un catalogue des maires, année par année, à partir de cette époque jusqu'en 1297.

Au milieu de cette divergence d'opinions sur un fait capital pour l'histoire de notre ville, où trouvera-t-on la vérité?

Dom de Vienne fixe l'origine du pouvoir municipal à 1235; Delurbe la fait remonter bien plus loin, puisqu'il assigne à l'année 1173 la création du premier maire. Ce sont les deux points extrêmes entre lesquels la discussion est circonscrite.

Entre 1173 et 1235, il existe toutefois un rapprochement digne de remarque. La première de ces dates correspond à la dix-neuvième année du règne de Henri II, et la seconde à la dix-neuvième année du règne de Henri III.

La difficulté ne vient-elle pas de ce que dom de Vienne et Delurbe ont attribué une même charte à deux règnes différents? Une erreur sur ce point est d'autant plus facile, que, d'après les usages de la chancellerie anglaise, les actes du pouvoir royal étaient datés par l'année du règne, sans même indiquer un numéro d'ordre pour les monarques de même nom. Ainsi, une charte datée de la cinquième année du règne d'Édouard peut être également d'Édouard Ier, d'Édouard II ou d'Édouard III, et conséquemment correspondre à 1273, 1312 ou 1331. Des circonstances extérieures à l'acte et en rapport avec les énonciations qu'il contient peuvent donc seules servir à préciser la date qui doit lui être assignée.

A l'appui des opinions si contraires adoptées par Delurbe et dom de Vienne, on trouve en effet, dans les Archives municipales de Bordeaux, soit au livre des *Bouillons,* soit au registre manuscrit des *Coutumes,* une charte datée de la dix-neuvième année du règne d'Henri et conférant aux citoyens de Bordeaux, ainsi que l'indique Delurbe, le droit d'élire un maire chaque année. Cette charte, qui parle aussi du droit de commune, paraîtrait, par son contexte, un titre primordial et non une simple confirmation; de là, dom de Vienne a pu dire qu'elle contenait un premier établissement de l'hôtel de ville. Elle porte la date du *13 juin;* dom de Vienne dit *13 juillet.* La différence s'explique par cela, qu'il est très facile, en lisant d'anciens manuscrits écrits en caractères gothiques, de confondre les mots *junii* et *julii* qui indiquent ces dates.

Delurbe et dom de Vienne ont évidemment eu sous les yeux un même titre, dont la date seule donne lieu à une difficulté chronologique, qu'ils ont différemment résolue, en l'attribuant, le premier, à la dix-neuvième année d'Henry II; le second, à la dix-neuvième année d'Henry III.

Cette charte, que je crois inédite, est précédée, dans le livre des *Coutumes,* du titre suivant :

« *Asso es la lettra autreyada à la villa*
» *de la majoria de Bordeu.* »

Dans le livre des Bouillons, elle est transcrite sans titre, au milieu d'actes de même nature.

Les deux textes n'offrent d'ailleurs aucune variante digne de remarque :

« Henricus dei gracia rex Angliæ, dominus yberniæ dux Nor-
» mandiæ et dux Aquitaniæ, comes Andegavensis, archiepiscopis,
» abbatibus, prioribus communitatibus, baronibus justiciariis, vice

» comitibus Præpositis, ministris et omnibus Baillivis et fidelibus
» suis salutem.

» Sciatis nos concessisse in hac carta nostra confirmasse pro
» nobis et heredibus nostris, dilectis civibus nostris Burdegaliæ,
» quod ipsi et heredes sui in perpetuum habeant et faciant de se
» ipsis majorem in civitate nostra Burdegaliæ. Et quod habeant
» similiter communiam in eadem civitate cum omnibus libertatibus
» et liberis consuetudinibus ad majoriam et hujusmodi communiam
» pertinentibus. Quare volumus et firmiter prœcipimus pro nobis
» et heredibus nostris quod prædicti cives nostri Burdegalæ et
» heredes sui in perpetuum habeant et creent de se ipsis majorem
» in prædicta civitate nostra Burdegaliæ et quod habeant similiter
» communiam bene et in pace libere et quiete cum omnibus liber-
» tatibus et liberis consuetudinibus ad majoriam et majoritatem et
» hujusmodi communiam pertinentibus sicut prædictum est. His
» testibus, venerabilibus patribus Ramundo Dunelm. Johan Battho
» et Guillem Karleol, episcopis. Guillielmo Marescallo comite
» Pembroc, H. de Burgo comite Kant, R. de Bigot comite Norf...
» Guillielmo de Bello campo pagano de chalburt, Ramundo filio
» Nicholaï Godefrido de Craucomb, Johanne filio Philippi, Ama-
» neno Sancti Amandi, Gaufrido Despens, Ramundo Arelz, Gau-
» frido de Cauz et aliis.

» Datum per manum venerabilis patris R. de Cycestr episcopi,
» cancellarii nostri apud Westm... tercio decimo die junii anno
» regni nostri X° IX°. »

Cet acte semble bien, au premier aspect, comme nous l'avons dit, porter les caractères d'une charte de première institution. Cette considération militerait pour la faire reporter au règne d'Henri II; car il est certain, nous le verrons tout à l'heure, que les fonctions de maire étaient connues à Bordeaux avant 1235.

Bien d'autres raisons tendraient à faire attribuer à Henri II la charte dont il s'agit. Tous les historiens font remarquer que ce monarque accorda une grande quantité de chartes d'émancipation aux communes de son royaume et du duché d'Aquitaine. On pourrait s'étonner de ce que la ville de Bordeaux, chef-lieu de la province, n'eût commencé à jouir qu'en 1235 d'avantages accordés à la ville de Londres dès l'année 1214, et à Saint-Émilion dès 1199.

Cela fait comprendre pourquoi Delurbe et les auteurs qui ont suivi son opinion ont cru pouvoir faire remonter à 1173 la charte qui vient d'être transcrite.

On trouve même dans Rymer une charte *de Jure vræci*, attribuée à la vingtième année du règne d'Henri II, et contenant des énonciations telles, que cette charte et celle de Bordeaux doivent être attribuées au même monarque ; l'identité dans les noms de la plupart des témoins et dans celui du chancelier ne peut permettre aucun doute.

Or, si Rymer s'est trompé dans l'attribution d'une charte, il n'y a rien d'étonnant à ce que Delurbe se soit trompé de la même manière.

Cependant, lorsqu'on étudie sérieusement la question, il est impossible de ne pas reconnaître que la charte *de Jure vræci* et la charte de Bordeaux appartiennent au règne de Henri III.

Les personnages indiqués comme témoins dans ces chartes se trouvent à peu près tous signalés par des documents historiques.

La dix-neuvième année de son règne, Henri III fit demander en mariage Alienor, fille du comte de Provence. A propos de ce mariage, ce monarque nomma des procureurs, au nombre desquels se trouve *Johannes, filius Philippi,* un des témoins de la charte de Bordeaux.

Richard, comte de Cornouailles, frère d'Henri III, écrit à divers seigneurs au sujet d'une trêve entre les couronnes de France et d'Angleterre. Ces lettres, datées du 3 février 1235, sont adressées à :

G. Marescallus, comes Pembroc;

J. Comes cestr;

Radulphus, filius Nicolaï.

Le nom du premier de ces seigneurs est indiqué dans notre charte, et probablement aussi celui du troisième, car *R., filius Nicolaï,* aura bien pu être écrit *Radulphus* dans les actes de Rymer et *Ramundus* par les scribes bordelais.

En 1237, un traité de paix est signé entre Henri III et le roi d'Écosse. Au nombre des témoins de cet acte se trouvent : 1° W... ou *Guillielmus Karleol, epis.;* 2° Guillielmus Marescallus, comes Pembroc; 3° Aman... Sancti Amandi; trois personnages nommés dans la charte de Bordeaux.

D'un autre côté, *H. de Burgo,* l'un des témoins de cette charte, a occupé un rang assez distingué dans l'histoire pour que son nom, à lui seul, détermine une date. Mathieu Paris rapporte, en effet, sous l'année 1234, que « le roi Henri III pardonne à *Hubertus de Burgo, comes cantiæ,* et le fait son conseiller intime, etc., etc. »

Enfin, ce qui est caractéristique, *R. Cirestrensis, episcopus,* est donné par la charte dont nous nous occupons et par celle *de Jure vræci* comme chancelier d'Angleterre au moment où elles ont été souscrites, et l'histoire nous apprend que lorsqu'en 1222, Radulphe fut appelé à l'évêché de Chichester, il *conserva les sceaux* qui lui avaient été précédemment confiés; qu'en l'année 1233, le sceau royal fut volé à Rodolphe, évêque de Chichester, pour sceller à son insu et à l'insu du roi Henri III un ordre de courrir sus au comte de Pembroc; et que Rodolphe, évêque de Chichester, pour n'avoir pas voulu seconder les intentions du roi dans une élection, cessa d'être chancelier en 1238, c'est-à-dire trois ans seulement après la date que nous attribuons à la charte de Bordeaux.

Et, chose encore plus singulière, le fait qui occasionna la

disgrâce de l'évêque de Chichester se rapporte à un personnage désigné comme témoin dans la charte *de Jure vrœci :* c'est *W... Elect. Valent.*

Voici ce que le chroniqueur Mathieu de Westminster raconte dans son ouvrage *Flores historiarum,* sous l'année 1238 :

« Eo tempore Petrus, Winton episcopus, obiit, quod cum
» rex cognovisset omnem quam potuit adhibuit diligentiam
» ut inclinarent corda monachorum Winton ad electionem
» *Guillielmi electi Valentini,* ut eumdem in præsulatum
» promoverint. Sed monachi videntes ipsum esse *aliegenam*...
» cum frater ejusdem *electi Valen* comes sit flandrensis no-
» luerunt...... *Rex iratus valde* episcopum cicestrensem quem
» monachi pio spiritu postularunt *ab officio cancellariæ* pri-
» vavit et sua familiaritate exclusit. »

Ainsi, il est hors de doute que la charte transcrite dans les archives de Bordeaux, datée de la dix-neuvième année d'Henri, doit être attribuée à Henri III et porter la date de 1235, avec d'autant moins de difficulté que sous Henri II et à la dix-neuvième année de son règne, le chancelier d'Angleterre n'était point évêque de Chichester.

Est-il permis cependant de dire avec dom de Vienne, que « l'hôtel de ville de Bordeaux fut établi sous Henri III, et » qu'on vit renaître en 1235 le nom de citoyen, etc., etc.? »

Cette assertion est complètement erronée. Il suffit, pour la détruire, de rappeler la lettre que Henri III adressait *au maire et au conseil commun* de la ville de Bordeaux, la troisième année de son règne, soit en 1219. Copie de cet acte est conservée aux archives; il commence ainsi :

« Rex majori et communi consilio Burdigaliæ salutem.
» De commendabili servitio vestro genitori nostro et nobis
» semper exhibito..... grates strenuitati vestræ copiosas referi-
» mus....., etc. »

Cet acte est également rapporté dans Rymer.

Donc, antérieurement à 1235, le premier magistrat de Bordeaux portait le nom de *maire,* et l'hôtel de ville était constitué. C'est la connaissance de cette pièce qui empêchait M. Guilhe de se ranger à l'opinion de dom de Vienne.

Doit-on, par suite, faire remonter, avec Delurbe, la mairie à 1173? C'est également impossible; car des actes nombreux démontrent que l'organisation municipale, constituée sous l'autorité d'un maire, n'existait pas avant les années 1217-1218. La lettre qui vient d'être citée est le premier acte authentique émanant de l'autorité anglaise qui soit parvenu jusqu'à nous, où la qualification de *maire* soit donnée au premier magistrat de Bordeaux.

Sans doute, avant 1219, Bordeaux avait une existence municipale, et, chose digne de remarque, tandis que les membres des communes constituées aux XIIe et XIIIe siècles prenaient le nom de *bourgeois,* les habitants de Bordeaux jouissaient du titre de *citoyens* avant même que l'administration de la ville prît le nom de *commune.*

Dès l'année 1199, Éléonore déclare le peuple de Bordeaux exempt d'impôts injustes et de *maletostes* qu'elle indique, d'après un document copié aux archives de la ville.

La même année, lors de son avénement au trône, le roi Jean déclare accorder et confirmer aux *citoyens* de Bordeaux toutes les libertés que la reine sa mère leur avait accordées et confirmées :

« Sciatis nos concessisse et præsenti carta confirmasse
» *civibus Burdigalensibus* omnes libertates et liberas consue-
» tudines quas regina mater nostra his concessit et carta sua
» confirmavit. »

Bordeaux n'avait donc, en 1199, ni mairie ni commune organisées *selon les formes nouvelles,* ce qui démontre l'erreur de ceux qui voudraient faire remonter la mairie à 1173;

mais cette ville jouissait de libertés fondées sur une possession immémoriale qu'on appelait *coutume,* et ses habitants portaient le titre de *citoyens.* Cela ne prouve-t-il point qu'ils avaient conservé quelque chose de leurs anciennes franchises municipales et de leur autonomie propre, sauf le respect dû à l'autorité des ducs d'Aquitaine en ce qui touchait à l'administration générale des affaires du pays?

En suivant année par année les actes de la chancellerie anglaise, on voit l'ancien municipe prendre peu à peu les formes des nouvelles communes, mais en conservant le souvenir de la plupart des droits résultant de l'organisation primitive de la cité.

La sixième année de son règne, le roi Jean décharge, pour le présent et pour l'avenir, ses *fidèles et gens de bien habitants* de la ville de Bordeaux, de toute *maletoste* et de toute autre coutume établie à son profit et pouvant les gêner dans leur commerce.

En 1205, le même roi, par une sorte de rescrit, règle l'étendue de certains droits civils relativement à ses gens de bien (probi homines) de Bordeaux.

En 1206, le même roi accorde aux habitants de Bordeaux ce singulier privilége : que tout étranger venant se fixer dans cette ville acquerrait, par une résidence *d'un mois* seulement, et après avoir prêté serment *à lui et à la commune,* le droit de ne pouvoir être appelé hors de la juridiction et devant d'autres juges que ceux de la ville, et de ne pouvoir être réclamé par aucun seigneur.

C'était un droit d'asile accordé à court terme, car ce privilége n'était généralement acquis qu'au bout d'une année.

Le texte de cette charte, dont copie est conservée aux archives, mérite d'être rapporté :

« Johannes Dei gracia, rex Angliæ, dominus Yberniæ, dux

» Normandiæ et Aquitaniæ, comes Andegavensis, omnibus bailhivis
» et fidelibus suis ad quos præsentes litteræ pervenerint, salutem.
» Sciatis quod nos concessimus dilectis et fidelibus nostris de Bur-
» degliam libertatem scilicet quod omnes illi qui de forinsetis par-
» tibus venerint ad manendum in villa Burd. et nobis et communiæ
» illius villæ fidelitatem juraverunt et in eâ per unum mensem inte-
» grum sine aliqua calumnia domini sui manserunt non respondeant
» cetao de domino suo et prohibemus ne quis eos inde vexet de
» cetao vel implacitet et ne quis contra eos stet vel judex vel advo-
» catus sit contra hanc libertatem eis a nobis concessam quandiu
» in fidelitate nostra et prædictæ villæ permanserunt. T. E. fil. p.
» apud London xxx die aprilis anno regni nostri septimo. »

Dans cet acte, il est parlé de la *commune* de Bordeaux : c'était le nom nouveau appliqué à l'ancien municipe ; mais on ne connaissait encore dans cette ville ni *maire* ni *conseil commun,* ni, à plus forte raison, le corps appelé *jurade.* C'est bien plus tard que ces dénominations furent appliquées à l'administration municipale de Bordeaux.

En 1206, le roi Jean accorde aux habitants de La Réole, constitués, eux, en *commune,* certains droits analogues à ceux dont jouissaient les habitants de Bordeaux, et dans cet acte on appelle *bourgeois* les habitants privilégiés de La Réole, tandis qu'on donne le nom de *citoyens* aux habitants privilégiés de Bordeaux.

Cette différence dans les dénominations contenues dans un même acte ne peut être insignifiante.

Bien évidemment, si la commune de Bordeaux eût été constituée dès 1173, comme le prétendent Delurbe, O'Reilly, Bernadeau et autres, si Bordeaux avait eu dès l'année 1173 des maires annuels, comment la chancellerie anglaise se fût-elle adressée jusqu'en 1219 aux habitants, aux *citoyens* de Bordeaux, sans parler des officiers et des magistrats, représentants légaux de la nouvelle institution ?

Delurbe cite une charte : elle serait, dit-il, datée de la dix-neuvième année d'Henri II. Cette charte existe-t-elle? Personne ne l'a vue. M. Jouannet parle de *confirmations;* mais où sont-elles? Nulle part.

Le roi Jean, successeur de Henri II, confirme les libertés données à Bordeaux par sa mère. Il aurait confirmé de même la charte d'Henri II si elle eût existé.

Toutes les chartes de confirmation que l'on connaît se rapportent à la charte d'Henri III, charte que Delurbe croyait être d'Henri II, ou peut-être à une charte antérieure de quelques années, mais toujours *d'Henri III.*

Ainsi, lorsqu'il écrit au sénéchal de Longuépée, Henri III dit formellement que Bordeaux lui doit ses institutions municipales :

« Dilecto Stephano Longespée,

» Cum *jamdudum* concesserimus per cartam nostram fidelibus » nostris majori et juratis et civibus nostræ Burdegaliæ commu- » niam ejusdem civitatis.....

» Mandamus quod communiam prædictam defendatis... etc., etc. »

Cette lettre est datée de la quarante-unième année du règne d'Henri III. Aussi, ce monarque pouvait-il dire : *Il y a déjà longtemps* que j'ai accordé à Bordeaux des institutions communales.

Plus tard, lorsque le prince Édouard, fils aîné d'Henri III, vint prendre le commandement de l'Aquitaine, il confirma l'institution de la commune de Bordeaux *comme duc à son père,* et cette charte est précédée, dans le livre des *Coutumes,* de cette mention :

« Asso es la confirmation de la deita majoria.

» Omnibus fidelibus ad quos præsens scriptum pervenerit, » Edwardus, illustris regis Angliæ primogenitus, salutem in do- » mino.

» Sciatis nos de voluntate et præcepto domini regis patris nostri
» concessisse in hac carta confirmasse dilectis *civibus* nostris Bur-
» degaliæ communiam ipsius civitatis cum omnibus juribus et
» libertatibus ad ipsam communiam pertinentibus et eamdem ratam
» habemus et gratam, *prout carta domini regis prædicti quam*
» *præfati cives nostri inde habent rationabiliter testatur.*
» Datum apud inco. xvii die aprilis anno regni dom. patris
» Henrici 42. »

Enfin Henri III, dans une autre charte, délivrée le 12 juin de la trente-huitième année de son règne, et qui est également conservée aux archives de Bordeaux, réitère la confirmation du fait à démontrer.

Il s'agissait de l'élection du maire et des jurats. Les Bordelais se trouvaient sous les armes devant Bergerac, pour le compte du roi d'Angleterre; ils ne pouvaient alors procéder à l'élection qui devait avoir lieu, dit cette charte, *le cinquième jour après la fête de saint Jean-Baptiste*. Cette date est très importante : c'est le seul document qui nous la donne. Il fallait donc proroger le délai accordé pour l'élection : c'est ce que fait le roi ; mais pour que cette prorogation n'entraîne pas une diminution dans le droit de la ville, on a soin de le déclarer et de rappeler à ce sujet son privilège :

« Sicut (est-il dit) habere consueverint *sicut in litteris* NOSTRIS
» *patentibus super hoc eis alias concessis plenius continetur.* »

Henri III eût-il parlé ainsi, si l'institution de la commune et le droit d'élection se fussent rapportés à un autre règne que le sien ?

Mais Delurbe cite un nom propre : c'est un sieur de *Monadey* qui aurait été premier maire de Bordeaux.

Une première erreur de Delurbe en a entraîné une seconde de sa part, voilà tout. Après avoir cru, en attribuant à Henri II la charte d'Henri III, que Bordeaux avait été autorisé dès

1173 à choisir un maire dans son sein, cet auteur a cru trouver le nom du premier maire dans un des manuscrits conservés aux archives de la ville.

En effet, dans le livre des *Coutumes,* vers les derniers paragraphes des plus anciens statuts, se trouve un règlement sur l'usage des eaux du Peugue. Il paraît qu'il y avait, pour déterminer leur hauteur, une vanne, un déversoir, un appareil quelconque *fixé par des barres de fer.* Cette construction avait été établie sous l'administration d'un sieur de Monedey.

« Abs temps (porte le manuscrit) que W. Arn. Moneder fo
» primeirament major de Bordeu. »

Cette mention, qui se trouve aussi dans le livre des *Bouillons,* porte en marge, et d'une main étrangère, l'addition d'un trait qui semble lui assigner une certaine importance.

Delurbe paraît l'avoir interprétée ainsi :

« Du temps que le sieur de Moneder fut *premier* maire de
» Bordeaux. »

Tandis que l'interprétation naturelle est :

« Du temps que Guillaume-Arnaud Moneder a été pour la
» *première fois* maire de Bordeaux. »

Pour déterminer la date de ces statuts, qui paraissent être une compilation de règlements faits à diverses époques, il faudrait un long commentaire. Mais dans toutes les hypothèses, la date la plus récente qu'on puisse lui attribuer serait de 1250 à 1260, et tout au plus 1279, c'est-à-dire à l'époque où la ville avait ou reprenait la libre élection du corps municipal.

Eh bien! même à cette dernière époque, et à plus forte raison vers 1250, W. Arnaud Moneder devait être encore vivant; il avait été maire en 1248; il pouvait et devait naturellement l'être une seconde fois : très-souvent, les maires étaient réélus après quatre ans d'intervalle, conformément aux statuts. On pouvait donc dire en parlant de lui, et pour

éviter toute équivoque en cas de nouvelle élection : « Du
» temps qu'il avait été maire pour la première fois. »

Et encore, si le copiste s'est trompé sur le prénom, ce qui est possible; si c'est de *Raymond* Moneder qu'on entendait parler, Raymond Moneder avait déjà été maire deux fois, en 1230 et 1238. La précision devenait alors indispensable.

Dans tous les cas, dire qu'un homme a été *premièrement* maire d'une ville, ce n'est pas dire qu'il en a été le *premier maire*, pas plus dans le langage actuel que dans celui des XIIe et XIIIe siècles.

C'est donc en donnant une fausse date à une charte et en traduisant mal un passage des anciens manuscrits que Delurbe a induit en erreur ceux qui l'ont copié de confiance, sans remonter aux sources.

Après avoir démontré qu'on ne peut admettre les dates données à la création de la mairie de Bordeaux par dom de Vienne et par Delurbe, il reste à déterminer l'époque à laquelle remonte cette institution.

Nous avons déjà vu que le premier acte où la qualité de maire est donnée par les rois d'Angleterre au premier magistrat de Bordeaux date de 1219; cela nous ramène à la liste des maires que nous a transmise le chroniqueur anonyme du livre des *Coutumes*.

Cet auteur donne, ainsi que nous l'avons déjà dit, une liste complète, année par année, des maires de Bordeaux, à partir de *1218*, y compris cette année, jusqu'à 1297, époque à laquelle vivait probablement celui qui l'a rédigée. Cette liste indique comme le premier des maires de Bordeaux *Pierre Andron*, et elle porte au milieu de la nomenclature de nos magistrats municipaux l'énonciation de divers faits relatifs à la constitution municipale de la ville.

Des documents précis et nombreux, dont quelques-uns ont

été récemment découverts, nous permettent de contrôler *presque toutes* les énonciations de cette liste ; et si toutes les énonciations que nous pouvons être en mesure de vérifier se trouvent confirmées comme conséquence de ce fait, nous devons bien admettre les autres comme vraies et exactes.

Voici une copie de la liste, telle qu'elle se trouve au registre :

AQUI SON LY MAGER QUI SON ESTAT DEU COMMENSAMENT QUEY AGUT MAGEREISSA.

En Peyre Andron fo, I an...............	MCCXVIII.
En Bernard Dacra....................	MCCXIX.
En Guilhem Aramon Colom.............	MCCXX.
En Pey Beguer......................	MCCXXI.
N'Amaubin Dalhan, IIII ans : lo prumer an.	MCCXXII.
En seguon an...............	MCCXXIII.
En ters an.................	MCCXXIV.
En quart an...............	MCCXXV.
En Pey Beguer desus deit...............	MCCXXVI.
N'Amaneu Colom....................	MCCXXVII.
N'Alexandre de Cambas................	MCCXXVIII.
En Guilhem Arostanh.................	MCCXXIX.
Na Ramon Monedey..................	MCCXXX.
N'Amfac Lambert....................	MCCXXXI.
En Bigouroux Beguer.................	MCCXXXII.
En Gaucen Colom....................	MCCXXXIII.
Na Ramon Monedey..................	MCCXXXIV.
En Pey Calhau lo p. home, en l'an........	MCCXXXV.
En Bigoros Beguey...................	MCCXXXVI.
Na Rostanh deu Soler lo p. home........	MCCXXXVII.
Na Ramon Moneder..................	MCCXXXVIII.
En Bernard Dalhan...................	MCCXXXIX.
En Martin Faure lo p. home...........	MCCXXXX.
Na Rostanh deu Soler lo p. home........	MCCXXXXI.
En Pey Beguer filh de Pey Beg..........	MCCXXXXII.

En Guilhem Gondomer.................. MCCXXXXIII.
En Pey Calhau....................... MCCXXXXIV.
En Guilhem Ramon filh d'en Pey Colom.... MCCXXXXV.
En Johan Colom lo p. home............. MCCXXXXVI.
En Guilhem Gondomer en Pey Bonafos, I an. MCCXXXXVII.
En Guilhem Arnaud Moneder............ MCCXXXXVIII.
En Martin Faure..................... MCCXXXXIX.
En Guilhem Aramon Colom............. MCCL.
En Seguin Barba..................... MCCLI.
N'Amaneu Colom filh de Pey Colom....... MCCLII.
En Pey Doat......................... MCCLIII.
En Guilhem Aramon Colom............. MCCLIV.
Na Ramon Brun de la Porta............. MCCLV.
En Pey Guondomer.................... MCCLVI.
N'Arnaud Guilhem Aymeric............. MCCLVII.
En Guilhem Aramon Colom............. MCCLVIII.
En Johan Colom...................... MCCLIX.
N'Arnaud Calhau..................... MCCLX.
En Pey Gondamer.................... MCCLXI.

Ayssi prigo lo Rey d'Anglaterra la majoria en sa man.

En Guitar de la Porta, en Ramon Moneder, en Hues de Broys, tots tres l'an ...'............... MCCLXII.
En Johan de la Linda................. MCCLXIII.
N'Andric de Cusansas................. MCCLXIV.
Naramon Marques.................... MCCLXV.
N'Ugo Rostanh...................... MCCLXVI.
En Fortaner de Casanava.............. MCCLXVII.
En Fortaner de Casanava, en Pons d'Antui.. MCCLXVIII.
En Pons d'Antui..................... MCCLXIX.
En Fortaner de Casanava............. MCCLXX.
En Fortaner de Casanava............. MCCLXXI.
En Hues de Cunian................... MCCLXXII.
En Pey Guondamer................... MCCLXXIII.
En Pey Guondamer................... MCCLXXIV.
En Bernard Cachapin, en Andric Locales, I an. MCCLXXV.

En Brun de Saia.................... MCCLXXVI.
En Brun de Saia.................... MCCLXXVII.
En Guitar de Borc................... MCCLXXVIII.

Aissi arrendo lo Rey d'Anglaterra la majoria a la vila de Bordeu.

En Bernard Dalhan.................. MCCLXXIX.
En Pey Esteve, I an................. MCCLXXX.
Na Rostanh deu Soler................ MCCLXXXI.
En Simon Guondomer................. MCCLXXXII.
En Pey deu Soler.................... MCCLXXXIII.
En Johan Colom..................... MCCLXXXIV.
N'Arnaud Moneder................... MCCLXXXV.
En Pey Colom darrua neve............ MCCLXXXVI.
En Bernard Ferradre................. MCCLXXXVII.

Aqui pringo lo Rey d'Anglaterra la majoria de la villa assaman per appeu de leslections deu Major, que li jurat avian eslegit en Bernard Breuter, sauf tres jurats que no si acordavan et apereren se devant lo Rey, en Reis fet mager, en Johan de Boria.

En Thomas de Sent vis, I an saup........ MCCLXXXVIII.

Alabets fo depausat Mossen Thomas, car la vila avia aperat deu Senescaut de Gascogna per defauta de dreit davant lo Rey de Fransa, car la vila dide que lo Senescaut non dive usar cum Senescaut entrusca ave jurat a la vila et la vila a lui et era Senescaut Mosse Johan de Haverincas de qui aperet et la vila fet gobernada.

En Vidau Paussa, I an................ MCCXC.
Et fo aperat Gobernayre,
En Pey d'Ansura, I an saup per lo Rey de
    Fransa, an..................... MCCXCI.

Aissi cobret lo Rey d'Anglatia la majoria, car la vila arrenuntiet a l'appeu et fit Major, en Pey Deumas tant ai falhe de l'an d'en Pey d'Ansura.

N'Arnaud de Gironda, I an............ MCCXCII.
N'Arnaud de Gironda en Guiraut de la Tort,
    I an............................. MCCXCIII.

En Guiraut de la Tort, en Alexandre de la
Peyrere entrant per lo Rey d'Anglatia, en
Germ de Burlac per lo Rey de Fransa
aquet medis an...................... MCCXCIV.

Aquet an dessus dit, lo Rey de Fransa lo duguat pringo et mets Mager Mossen Germon, car lo Rey d'Anglatia li delivret en lan dessus deit.

En Germon de Burlat, en Gelibert Auvin, l'an MCCXCV.
En Guilhem de Rabastens, en Bertrand deu
Faucar........................... MCCXCVI.
En Bertrand de Faucar meis an........... MCCXCVII.

Ici se termine la nomenclature des maires. Essayons de contrôler les faits qu'elle énonce.

1° L'auteur fixe à 1218 l'origine de la mairie, et nomme *Pierre Andron* pour premier maire.

Nous avons vu que tous les actes émanés de l'autorité royale anglaise sont conformes à cette donnée sur l'origine de la mairie.

Quant au nom du maire, un document authentique nous prouve que *Pierre Andron* était revêtu de cette fonction en 1218. Une contestation existait à cette époque entre l'abbé de Sainte-Croix, l'église de Saint-Macaire et Pierre de Gavarret, seigneur de Benauge. Les parties convinrent de s'en rapporter à une décision arbitrale, et elles désignèrent pour juge *Pierre Andron, maire de Bordeaux.*

Mais, peut-on objecter, indépendamment du *sieur de Monedey*, sur lequel nous nous sommes expliqué, deux auteurs, Bernadeau et O'Reilly, donnent les noms de deux maires antérieurs à 1218; c'est :

PIERRE LAMBERT, EN 1208.
BERNARD DACRA, EN 1217.

Si ces auteurs avaient cité quelque titre ou quelque pièce authentique à l'appui de leur opinion et de nature à la justifier, le chroniqueur du XIIIe siècle serait évidemment convaincu d'erreur. Quel intérêt aurait-il eu cependant à déguiser la vérité? Pouvait-il ignorer, au XIIIe siècle, ce que l'on vient nous révéler au XIXe? C'est peu probable.

Voyons cependant :

Relativement à *Petrus Lamberti,* bien qu'ils n'en disent rien, Bernadeau et O'Reilly se fondent évidemment sur un passage de Darnal, continuateur de Delurbe. Voici ce qu'il écrit, page 52 de la Chronique de Bordeaux :

« Adjoutons qu'en l'année 1208, Petrus Lamberti, maire
» de la ville de Bordeaux, Messieurs LES JURATS et communauté de la dite ville donnèrent aux dits prieurs de Saint-
» James les petits fossés de la ville, depuis la porte Saint-James
» jusqu'à la porte du Cayfernan. »

Pour bien apprécier la valeur de cette citation, il faudrait avoir le titre sous les yeux, car il est évident que le rédacteur de cette note a donné à la magistrature de 1208 le titre qu'elle avait de son temps. Le mot de JURATS, par exemple, était-il usité en 1208? Nous savons qu'en 1219, on ne donnait point ce nom aux membres de l'administration municipale, puisque le roi s'adressait *au maire et au conseil commun* de la ville de Bordeaux.

Sans doute, en 1208, si l'on pouvait admettre comme certaines la *date* et l'*existence* de l'acte de donation dont parle Darnal, la ville de Bordeaux était gouvernée. Il y avait bien certainement un premier magistrat, qu'il eût le titre de *præpositus, comes, vice-comes, consul* ou tout autre. — Peut-être même ce premier magistrat s'appelait-il Petrus Lamberti, car nous voyons un membre de cette famille maire en 1231; mais lorsqu'il s'agit d'affirmer que Petrus Lamberti *portait le titre de maire* et était reconnu comme tel par l'autorité publique, tout cela contrairement au témoignage d'un contemporain et aux termes des actes officiels du gouvernement, il faudrait quelque chose de plus sérieux qu'une simple assertion de Darnal, prouvée déjà inexacte dans une de ses parties.

Relativement à *Dacra,* que Bernadeau porte maire en 1217, nous le voyons figurer sur notre liste en 1219. M. Bernadeau ou le copiste qu'il a lu ne se sont-ils pas trompés de date? Il y a si peu de différence entre MCCXVII et MCCXVIIII. A quelle source M. Bernadeau a-t-il puisé ce renseignement? On l'ignore. Il est dès lors impossible de discuter. En l'absence de tout document certain, ne doit-on pas croire à l'exactitude d'un auteur presque contemporain, plutôt qu'à la parole de M. Bernadeau, répétée par O'Reilly?

Rien ne nous paraît donc infirmer les deux premières énonciations de la liste dont il s'agit.

Examinons successivement les autres articles sur lesquels nous avons des données historiques.

Na Ramon Monedey, 1234.

Un acte (n° 104) copié dans le deuxième cartulaire de l'abbaye Sainte-Croix, conservé aux archives départementales, porte qu'il a été dressé aux nones de juillet, l'an 1234, étant maire de Bordeaux R. Moneder.

Cet acte confirme pleinement l'énonciation de la liste.

Na Rostanh deu Soler....... 1237.

Le cartulaire de Sainte-Croix porte N'arrostan deu Soler, maire, le 4 mars 1236 (acte n° 23), le 5 avant la fin d'octobre 1236 (n° 129), le 4 avant la fin de mars 1237 (n° 70).

Il faut ici remarquer que l'élection du maire et son installation n'ayant pas lieu au commencement de l'année civile, la durée de la magistrature municipale enjambait d'une année sur l'autre. Nous avons vu que l'élection jusqu'à 1260, c'est-à-dire pendant la première période de liberté municipale, avait lieu le cinquième jour après la nativité de saint Jean-Baptiste, c'est-à-dire à la fin de juin; c'était donc vers le 1er juillet que commençait l'année municipale. Le rapprochement entre les dates données par le cartulaire et celles du chroniqueur nous paraît démontrer que ce dernier s'attachait, pour désigner l'année de la mairie, à l'époque où le maire cessait ses fonctions, et non à celle où il les commençait.

En Martin Faure............ 1240.

D'après le cartulaire (acte n. 81), le huitième jour du commencement de janvier 1240, Martin Faure était maire de Bordeaux.

Na Rostanh deu Soler....... 1241.

L'an 1244, au mois d'août, intervint un traité entre le vicomte de Fronsac et la commune de Saint-Émilion. Il fut conclu sous l'influence et l'autorité de Na Rostainc deu Soler, sénéchal de Gascogne et maire de Bordeaux :

« Fo patz parlada et afermada per Na Rostainc deu Soler,
» senescaux de Gasconha et major de Bordeu en aquet
» temps. » (Guinodie, t. III, p. 165.)

Cet acte n'est pas de ceux qui donnent une date précise à l'exercice de l'autorité d'un maire ; l'expression *en aquet temps* peut même prêter à l'équivoque. Serait-ce que l'acte aurait été préparé pendant que deu Soler était maire, du 1er juillet 1240 *au 1er juillet 1241*, c'est-à-dire avant la rédaction de l'acte, qui est du *mois d'août?* Serait-ce une allusion se rapportant à des faits accomplis sous une magistrature précédente, de 1236 à 1237 ? Il y a doute.

En Guilhem Gondomer....... 1243.

D'après le cartulaire de Sainte-Croix, W. Gondaumer exerçait les fonctions de maire le cinquième jour avant la fin de janvier 1243 (acte n. 5).

En Pey Calhau............. 1244.

Les actes n. 52 et 13 du cartulaire indiquent P. Calhau comme maire le 3 juin et le sixième jour de la fin d'avril 1244.

Guilhem Ramon Colom....... 1245.
Jehan Colom............... 1246.
Pey Bonafos............... 1247.
Guilhem Arnaud Moneder.... 1248.

Tous ces noms figurent à leurs dates respectives dans les actes du cartulaire de Sainte-Croix, n°s 66, 2, 4, 8, 145, 3, 142, 93.

En Seguin Barba........... 1251.

Il paraît comme maire sur les actes du cartulaire, à partir du 15 juillet 1250. Son année devait donc finir en juillet 1251 ; c'est la date donnée par le chroniqueur.

Namaneu Coulom............ 1252.

Il exerçait encore ses fonctions onze jours avant la fin de mai 1252, d'après le cartulaire (acte n° 105).

En Pey Doat............... 1253.

Ce magistrat dut entrer en fonctions à l'élection de juin 1252. Il est porté comme maire à la fin de juin 1252 et dans les premiers jours de janvier de la même année. Ses fonctions durent finir en juin 1253.

En Guilhem Aramon Colom....	1254.
Na Ramon Brun de Laporta...	1255.
En Pey Gondomer..........	1256.
Narnaud Guillem Aymeric....	1257.
En Guillem Aramon Colom....	1258.
En Johan Colom............	1259.
N'Arnaud Calhau...........	1260.
En Pey Gondamer...........	1261.

Tous ces noms figurent à leurs dates respectives sur les actes du cartulaire de Sainte-Croix, sous les numéros, 64 132, 146, 138, 139, 152, 153, 135, 143, 144, 14, 53, 147, 135, 141, 75, 156, 154, 160, 161, 162, 29, 28, 30, 31, 32, 33, 101, 134, 38, 42, 43, 44, 45, 46, 49, 34, 96, 107, 124, 136, 157, 158, 159, 47, 48, 137.

Dans l'acte n° 33, on porte comme maire W. R... Colomb à la fin de mai 1259. Il faut qu'il y ait erreur, soit de date, soit de prénom. *C'est Johan Colom* qui était maire fin mai 1259. Les fonctions de Williams avaient cessé fin juin 1258.

Après l'indication de la magistrature confiée à Pey Gondamer, le chroniqueur anonyme ajoute :

« Ayssi prigo lo rey d'Anglaterra la majoria en sa man. »

Ce fait est constaté par des actes et une charte dont les copies sont conservées aux archives de Bordeaux, transcrites dans le manuscrit de Wolfenbutel, etc., etc.

Nous n'avons pas à nous expliquer ici sur les manœuvres à l'aide desquelles le roi d'Angleterre parvint à se faire accorder par la ville le droit de nommer à la mairie de Bordeaux. Il suffit que le fait soit constaté, et on en trouve la preuve partout, notamment dans la lettre écrite par la jurade et la commune le 19 décembre 1261, et dans la constitution même donnée à la ville par le prince Édouard le 22 octobre de la même année.

Nous continuons la liste des maires.

EN HUES DE BROYS............ 1262.

C'est le troisième des maires qui cette année furent, d'après le chroniqueur, mis à la tête de la municipalité de Bordeaux. Il est indiqué par le 99° acte du cartulaire comme étant en fonctions le cinquième jour avant la fin de mars 1262.

EN JOHAN DE LA LINDA........ 1263.

Un acte n° 71 du cartulaire donne pour cette année *en Pey Gondaumer*. Il doit y avoir ici une erreur de copiste, qui aura écrit MCCLXIII pour MCCLXXIII. Nous trouvons, en effet, en 1273, un maire du nom de Pey Gondaumer, soit dans la liste, soit dans le cartulaire. On ne comprendrait guère, lorsque sur tous les autres articles le cartulaire se trouve d'accord avec la liste, qu'il puisse se trouver sur deux articles seulement une différence sérieuse. Le registre de Sainte-Croix ne donne point des actes originaux ; c'est une copie faite sur des titres primitifs, et peut-être de simples copies. Il n'y a rien d'étonnant à ce que, dans un travail aussi considérable, le copiste ait pu omettre une lettre en transcrivant l'acte dont nous nous occupons. Dans les archives de la mairie, on trouve divers actes où le copiste a ajouté un *C* à la date, et cela plusieurs fois. Cependant, l'erreur est palpable.

N'ANDRIC DE CUSANÇAS........ 1264.

Un acte du cartulaire portant le n° 108, à la date du 10 juillet 1264, donne pour maire *Henr de Cusances*. Cet acte donne le prénom vrai de ce personnage. On pourrait tout au plus balancer entre Andric, Andriu, André et Anric, Enric, Henry. Quant au mot *Auduc,* il serait tellement barbare qu'on ne saurait s'y arrêter. Nous croyons qu'on doit lire Andric pour Henric, car le même chroniqueur, sous l'année 1275, écrit *Nandric Locales* pour en Henric Logaleis, comme nous le verrons plus tard.

> Na Ramon Marquès.......... 1265.
> N'Ugo Rostanh.............. 1266.
> En Fortaner de Casanava.... 1267.
> En Fortaner de Casanava.... 1268.
> En Pons d'Antu............. 1269.
> En Fortaner de Casanava.... 1270.
> En Fortaner de Casanava.... 1271.

Tous ces noms figurent à leur rang dans le catalogue et dans le cartulaire. Le second est quelquefois écrit *Huges* et *Hugo* Arrostanh, ce qui est conforme à l'usage des bordelais, qui redoublaient la consonne et ajoutaient un *A* lorsque les mots commençaient par un *R*, comme *Arramon* pour *Ramon,* etc., etc. Le troisième est écrit Pons d'Antin et Pont Dantu. Le nom *Dantu* est écrit trois fois dans trois actes différents, toujours de la même manière. Cette orthographe nous paraît préférable à celle de Dantin ou Dautin. M. Rabanis a proposé d'écrire Dantin, sans faire connaître ses motifs.

Voir dans le cartulaire les actes n°s 118, 121, 83, 87, 97, 131, 65, 71, 77, 59, 60, 67, 69, 82, 106, 11, 51, 88, 89, 90, 91, 50, 95, 114, 150, 164.

> En Hues de Cunian.......... 1272.

Ce nom est cité plusieurs fois dans le cartulaire et écrit d'une manière différente. On lit Hues de Ganians trois fois, Hues de Ganian une fois, et Huc d'Agriemants une autre fois.

Le nom à adopter nous paraît être Hues de Ganian. On trouve aussi Hugues d'Aguemans.

Voir les actes nºˢ 16, 17, 18, 19, 20, 86, 100, 165, 78.

En Pey Guondamer.......... 1273.

Ce nom est cité une fois dans le cartulaire à sa date (n° 73), et une autre fois par erreur à la date de 1263 ; il est écrit *Gondaumer*.

Deux autres actes, retenus, l'un par le notaire de Bordeaux Pierre *Robert*, le quatorzième jour avant la fin de mars, rapporté par Guinodie, t. II, page 479, et l'autre par *Gilbertus de Mirailho*, aussi notaire, le vendredi avant les Rameaux, l'an 1273, rapporté dans le manuscrit de Wolfenbutel, n° 479, constatent qu'à ces dates, P. Gondomerii occupait le siége de maire de Bordeaux.

En Bernard Cachapin, en Andric Logales.............. 1275.

Le cartulaire de Sainte-Croix constate (acte 54) que le septième jour de mai 1275, Henri Logales remplissait les fonctions de maire de Bordeaux, ainsi que le dixième jour avant la fin de septembre (n° 116). Un acte du notaire W. Bordes, daté du huitième jour avant la fin d'août, constate la même chose ; seulement, le nom est plus correctement écrit : Henric Lo Galeis. Ce même personnage a été maire de Londres. (Voir *Notices des manuscrits de la Bibliothèque du Roi*, par M. M. Delpit ; collection des Documents français de Jules Delpit, etc., etc.)

Quant à Cachapin ou Gachapin, dont le nom est aussi écrit Gachapuchs, son nom serait, d'après M. Rabanis, Bernard de Gazeaupouy ; il est cité dans le cartulaire comme étant maire le 3 janvier 1274 et le 10 février de la même année. Ainsi, il aurait été maire pendant les premiers mois de 1274-1275. Le Galeis lui aurait succédé pour les derniers mois, et les fonctions de ce dernier se seraient prolongées au-delà du mois de juillet 1275, ce qui n'offre point de difficulté, les maires, à cette époque, n'étant plus à la nomination de la commune.

  En Brun de Saya............ 1276.
  En Brun de Saya............ 1277.
  En Guitard de Borc......... 1278.

Ces trois noms figurent à leurs rangs respectifs dans le cartulaire de Sainte-Croix, n°s 115, 85, 117, 123, 127, 130, 148.

A cette date, 1278, s'accomplit un fait important dans l'histoire de notre municipalité. Le roi d'Angleterre rendit à la ville le droit d'élire son maire. Notre chroniqueur s'exprime ainsi :

« Aissi arrendo lo rey d'Anglateria la majoria à la vila de
» Bordeu. »

L'énonciation de ce fait est confirmée dans un article des Rôles gascons, ainsi conçu :

« De pardonatione pro civibus Burd., de majore eligendo,
» 1278. »

  En Bernard Dalhan......... 1279.

Il avait commencé ses fonctions dès 1278, car nous le trouvons nommé dans le cartulaire de Sainte-Croix, à la date des derniers jours de décembre; il les exerçait encore à la fin de juin 1279.

N°s 79, 80, 81, 76, 155.

  En Pey Esteve............. 1280.
  Na Rostanh deu Soler....... 1281.

Ces noms paraissent à leurs dates dans les actes du cartulaire, n°s 118, 119, 63.

En Pey deu Soler .... 1283.
En Johan Colom........... 1284.

Ils sont également nommés plusieurs fois dans les actes du cartulaire, à leurs places respectives.
N°s 98, 151, 58, 33.

En Bernard Ferradre........ 1287.

Ce maire est nommé dans un jugement rapporté § 149, dans les anciennes Coutumes de Bordeaux, publiées par les frères Lamothe.

« Jutgat fo à Saint-Elegi... asso fo en la majoria de B,
» Ferradre anno domini 1287. »

En Johan de Born .... 1288.
En Thomas de Sentvis........ 1289.

Thomas de *Sentvis Cuvoir* est ainsi nommé dans un jugement que rapportent les anciennes Coutumes, publiées § 87 :

« Et asso fo dimenge après la huitava de Sent Pey Qua-
» drega anno 1288 en Thomas de Sent Vis Cavoir, mager de
» Bordeu. »

M. Rabanis propose comme vrais noms de ces deux personnes, Jonh Bourne et Thomas de Sandwich. Nos scribes gascons défiguraient facilement les noms anglais, et on leur rendait bien la pareille de l'autre côté de la Manche.

Il resterait à citer peu de noms pour compléter l'examen de la liste entière. Le roi de France s'était emparé de la Guienne et de Bordeaux ; il y avait des maires nommés par le roi de France, d'autres par le roi d'Angleterre. Les Rôles gascons nomment *Petrus Ithieri* pour maire en 1290 ; c'était un maire *in partibus*. Notre catalogue n'en parle pas; il donne pour 1291 Pey d'Ansura; mais le chroniqueur a soin d'annoncer que cette nomination est faite *par le roi de France*. C'est au milieu de cette confusion qu'il termine son ouvrage.

Comme résultat de cette longue étude, nous croyons avoir prouvé, par des actes authentiques contemporains et d'une autorité incontestable, l'exactitude de presque toutes les énonciations contenues dans la liste de maires dont nous avons l'honneur de vous entretenir. Il est juste, comme conséquence de cette vérification, d'accorder confiance entière aux articles, très peu nombreux d'ailleurs, à l'appui desquels nous n'avons pu jusqu'à présent trouver un titre précis, car la véracité d'un auteur ne saurait être suspectée lorsque, de tous les faits qu'il avance, ceux dont la vérification a pu être faite se trouvent pleinement confirmés.

Ainsi, nous croyons, Messieurs, pouvoir soumettre à votre approbation les propositions suivantes :

La liste des maires de Bordeaux de 1218 à 1297, transcrite dans le manuscrit des Coutumes, conservé aux archives municipales de Bordeaux, mérite toute confiance dans ses énonciations, sauf l'orthographe de quelques noms propres.

En conséquence, c'est à l'année 1217-1218 que doit être fixée l'origine de la mairie de Bordeaux, et *Pierre-Andron* a été le premier maire de cette ville.

Bordeaux, le 31 octobre 1861.

(Extrait des *Actes de l'Académie impériale des Sciences, Belles-Lettres et Arts de Bordeaux*.)

www.ingramcontent.com/pod-product-compliance
Lightning Source LLC
Chambersburg PA
CBHW062009070426
42451CB00008BA/478